La artista que no pudo ser

La artista que no pudo ser

Micaela Franchesquez

TEXTOS
Micaela Franchesquez

PORTADA
Lily Vainylla (@lilyvainylla_)

MAQUETACIÓN
Andrea Gómez Expósito

NÚMERO DE EDICIÓN
Primera

EDICIÓN
Postdata Ediciones

ISBN
978-84-19411-87-7

DEPÓSITO LEGAL
V-3014-2024

*A mi abuelo,
el hombre que me enseñó a amarme
a través de sus ojos.*

Escribir para sanar
y convertirlo en poesía.

PRÓLOGO

Un desamor, un nuevo amor y un reencuentro conmigo misma.

La artista que no pudo ser, hoy: es.

Comencé a escribir para sanar, para duelar y quizás volver a amar, porque siempre estamos a tiempo de volver a amar(nos).

Alguien muy especial una vez me dijo: *tendrás que amar mucho para amar bien.*

Estoy lista para empezar de nuevo.

Capítulo 1:
ANTES DE MÍ

Quizás nunca leas esto y quizás ni siquiera llegues a saber de su existencia, o incluso de la mía, pero déjame decirte:

Me destruiste pero acá estoy.
Gracias.

1.

Salté,
sin saber que el vacío
me estaba esperando.

2.

No solo el mar guarda secretos,
mis ojos también,
aunque quizás nunca
los puedas ver.

3.

Y cuando me sentí vacía,
con el alma rota,
entendí que no hay mayor refugio
que mi soledad.

4.

Siempre guardo en mí
un pedacito de mar
que me recuerde
que las olas también rompen,
pero con más fuerza
se vuelven a a(r)mar.

5.

Ya no quiero llamarle
amor
a lo que dolió.

Ya no quiero que duela
lo que nunca debió llamarse
amor .

6.

Pensé que a mi lado estabas
pero ya ni a tu sombra
sentí sonreír.

7.

En la soledad elijo quedarme
si lejos tuyo
voy a estar.

8.

Aunque quieras repararlo,
ya estás roto.

Ahora yo también.

9.

Sentí vértigo al quererte
y caí.

10.

Creía que las rosas eran bonitas
pero llenaste el jardín
de espinas.

11.

¿Cómo te arranco de mí
si nunca estuviste,
si nunca llegaste,
si nunca vimos
mi serie favorita en el sofá?

12.

Perdón:
no pude arreglarte.

13.

Dejaste marcas que nadie ve
y te prometo
que dolieron más.

14.

Queriendo olvidar
lo que dijiste,
recordé todo
lo que hiciste.

Cada vez duele más verte reír
mientras yo muero
a cada segundo
sin poder salir.

15.

Cómo pongo mi alma
para que no se cruce con la tuya,
si al rozarse
podría quedar helada
y no quiero
morir en el invierno.

16.

Se me olvidó
que antes de tus sueños
estaban los míos,
y que antes de vos
existía yo.

17.

Te pido no volver a destruirme
porque esta vez
no lo voy a contar.

18.

Te fuiste
y dejaste hasta tus miedos.
Ahora no sé
si los que hablan son *ellos*
o soy yo.

19.

(Me) Pido perdón al espejo
por tantas veces escuchar *basta*
y seguir poniéndome
el labial que tanto te gustaba.

20.

Darías hasta la vida por mí
y yo la mía,
por verte ir.

21.

En silencio,
¿hubieras dolido menos?

22.

Quiero dejar
de caminar en la sombra
para ver tus miedos antes
de que se vuelvan *míos*.

23.

Me arrastraste a tus mierdas
y ahora
soy parte de ellas.

24.

Me obsesioné con tu dolor
y me quedé a abrazarlo,
sin saber que en el camino
iba a perdernos,
a perderte,
y a perderme
por completo.

25.

Qué tonta fui
por creer que te merecía
en todos los sentidos.

26.

El corazón tiene memoria
y la piel no se cansa de contar
las historias que dejaste
y que ya no puedo quitar.

27.

Y aunque tus ojos
estaban llenos de odio,
te miré con amor,
dispuesta a sanar tus heridas
en mi piel.

28.

Al final de todo,
no dolió tanto que te fueras
como sí esperar verte llegar
y que nunca lo hicieras.

29.

Cuando llueva
ya me habré ido.

30.

Quererte
dolía más,
    mucho más,
que perderme.

31.

Me da miedo voltear,
volver a encontrarte
y una vez más
volver a perderme.

32.

Me acostumbré
a que en tu soledad me busques
pero hace un tiempo
aprendí a caminar sola.

33.

¿Cuántas partes de mí
te llevaste
que no logro
reconocerme?

34.

Ojalá las heridas
también
quieran olvidarte.

35.

No te pido que me quieras
pero al menos
andate a tiempo
para tener el suficiente
de volver a quererme.

36.

Qué ironía quererte
y cada vez
más lejos de mí.

37.

Díganle que
en mil pedazos me dejó
pero gracias por eso.

38.

Aunque intente olvidarte
las marcas siguen aquí,
contando las historias
que no quiero repetir.

39.

Algunas noches
te escucho en mis sueños
pero tu voz
ya no me da miedo.

Qué alivio *volver a vivir.*

40.

Ya no extraño
lo que fuimos,
muchos menos
lo que dijimos ser.

41.

No pretendas amor
sin saber querer
primero.

42.

Con vos se fue
una parte de mí
que espero
no volver a ver.

43.

Jamás pensé
que tus besos
dolerían más
que verte ir.

44.

Me llamó de madrugada,
y, aunque las heridas
no tienen hora,
me doliste
a tiempo completo.

45.

Flores marchitas
vuelven a nacer
cuando lejos
te ven.

46.

Si me hablan de vos
todo se convierte en herida,
y ya no tengo espacio
para más cicatrices
en mi piel.

47.

Dejé tus recuerdos en casa
para andar más liviana,
y así tu despedida
duela,
    al menos,
no tanto.

48.

Estoy intentando
que lo que dolió
me lleve *de vuelta* a casa.

Quizás tarde
pero llegaré.

49.

Ojalá pudiera pedirle
perdón al pasado.
Sería una forma
de abrazarme *otra vez*.

50.

Encontré un mapa
con dirección a *mí*
que no voy a volver a perder.

51.

Corrí tanto tras de ti.
Ahora,
me toca a mí.

52.

Qué fácil fue quererte,
qué difícil alejarme,
pero qué alivio
volver a tenerme.

53.

Ahora sí,
adiós.

No voy a mentir:
A veces te pienso
pero ya no te extraño.

Capítulo 2:
A SALVO

No estoy segura de cuántas veces nos podemos enamorar,
ni de cuántas veces somos capaces de amar
luego de una caída.

Si algo sé, es que quiero enamorarme de tu boca en cada vida
porque ahí me siento a salvo.

P.D.: Hay personas que nos destruyen, otras que nos salvan.

54.

Me quitaste
cada capa de piel
hasta verme desnuda
el *alma*.

55.

Sin ser nada,
en tus brazos
volví a ser yo.

56.

Me gustan tus ojos y tu pelo,
y tu sonrisa nerviosa
al encontrarse con la mía.

Me gustan tus besos en la frente
y tus abrazos por las noches
que me enseñaron a sanar
las heridas que ni yo
sabía que tenía.

Me gustas.
De pies a cabeza.
De cabeza a pies.
Me gustas.

57.

Te pusiste a contar estrellas
y terminaste
en cada uno
de mis lunares.

58.

No sé lo que es
quererme
si te cruzaste primero
y no me dio tiempo.

59.

Me gusta pensar
que también
me enseñaste a vivir.

60.

Apagaste un incendio
en donde ardía en llamas.

61.

Y tu amor vino
sin avisar,
y sin tocar la puerta
me desnudó incluso
con la ropa puesta.

62.

Abrázame
por un rato
y te prometo
quedarme
para siempre.

63.

Vino tinto,
vino blanco,
tinto de verano,
verano con v
      de v
         o
         s.

64.

Quiero ir lento
para nunca olvidar
tu *risa*
y que nunca
dejemos de *bailar*.

65.

Mientras las grietas
te cuentan mi pasado,
tus ojos me dicen
que llegué a *casa*.

66.

En mi otoño,
vos sos primavera.

67.

Mientras el mundo
tiene miedo
a decir *te quiero*,
entre miradas
ya te amaba.

68.

Deseo que en las noches
te enredes conmigo
hasta en los sueños.

69.

A tu lado,
ya no hay invierno.

70.

Aún recuerdo la noche
que en silencio
te dije *te amo*.

Espero me hayas escuchado.

71.

Ya no tengo miedo
a perderme,
si con vos
me volví
a encontrar.

72.

Dime dónde duele
para quererte ahí
un poquito más.

73.

Si al final,
somos el resultado
de todas las almas
que se cruzan en nuestra vida,
prometo buscarte
en esta
y todas
mis vidas.

74.

Días nublados
cuando no estás,
es mal pronóstico para mí,
amor.

75.

Hay cielos mágicos
y ninguno como vos.

76.

Dijiste:
te quiero y no para un rato.

Si te digo que yo tampoco,
¿te quedas para siempre
a mi lado?

77.

Desvestite conmigo
y besame
hasta que
vuelva a llover.

78.

Me olvidé de quién era
y ahora
no sé quién soy
después de vos.

79.

Escribo en páginas
que llevan tu nombre.
Espero que entre líneas
puedas encontrarte.

80.

En tus ojos vi miedo
y me alegré
por tener un lugar
donde ser vulnerables.

81.

¿Y si volvemos a los nervios
de la primera vez?
Cuando la torpeza invadía
por no saber
quién besaba primero.

82.

Desde que te conocí
escucho al mundo
en silencio
y bailo
al ritmo de tu risa.

83.

No entiendo
en qué momento,
tu acento
comenzó a ser la música
que no quiero
parar de escuchar.

84.

—No sé qué carajo me pasa contigo
pero quiero quedarme aquí—.

Y entonces,
respondí:

—Quédate.

85.

Si sos quien me encendiste,
no dejes apagarme.

86.

Puse el reloj en pausa
para que nunca te vayas.

87.

En las calles de Madrid
me enamoré de vos
y ahora,
en cada esquina,
te espero.

88.

Como Noah,
escribo poesías
para que nunca olvides
nuestra historia de amor.

89.

No me dejes sin tus besos por la espalda.

90.

No sé qué hice
para encontrarnos,
pero qué feliz me hace
haberte conocido.

91.

Gracias por aparecer
y sobre todo
por quedarte.

92.

Entre tantas miradas
me perdí en la tuya
y quedé ciega
de amor.

93.

El escalofrío me encuentra
cada vez que me pierdo
en tu boca
y tu boca
encuentra la mía.

94.

Besos tuyos,
besos míos,
besos *nuestros*.

95.

¿Y si pudieras tocar el cielo,
lo tocarías?

¿Cómo le digo
que ya lo estoy tocando?

96.

Mentiría si dijera
que nadie muere de amor,
si yo por vos
estoy tocando el cielo.

97.

Supiste cómo mirarme
y entendí
que volví a estar en casa.

98.

Me gusta el café
y el de tus ojos.

99.

No dejes de mirarme
que no quiero
volver a perderme.

100.

Vida:
aquella que me volviste a dar.

Capítulo 3:
UN CAFÉ EN MADRID

Algunas historias simplemente quedan en historia,
otras en Madrid, y la nuestra: en la espera del próximo café.

101.

Tus mensajes dejaron de llegar
y la vida
se llamó melancolía.

102.

Que nadie me diga
lo rápido que puedo querer,
porque así como llegaste
te estás yendo
y se me hace tarde.

103.

Verte ir no dolió tanto
como sí creer
que nunca lo harías.

104.

Quiero bailar
sin que duela
mi canción favorita,
quiero bailarla
como antes
de llamarla *nuestra*.

105.

Me hubiera gustado saber
que era la última vez
y mostrarte
en quién me convertí
después de vos.

106.

Quizás lo que más duele
es intentar olvidar
quiénes fuimos
y yo con vos
no me olvido de quién fui.

107.

Que me muero
si no estás,
que me muero
cada vez que volvés
y te vas.

108.

Te pensé tanto
que hasta los recuerdos se fueron,
pero sigo acá
esperando a que vuelvan.

109.

¿Cómo voy a estar lista
para despedirme
si recién llegas?

110.

Nadie ha muerto de amor,
aunque unos días
me fui de tristeza.

111.

Quizás soy un poco egoísta
por pedirte que te quedes
pero ya no sé
lo que es vivir
sin vos a mi lado.

112.

Todavía
intento descifrar
si el vacío es más grande
desde que te fuiste
o cada vez que despierto
y no estás.

113.

Qué cercano quedó
el despertar
a tu lado,
y qué lejos estamos.

114.

En Madrid llueve
y dentro de mí
hay tormenta.

115.

Estoy aprendiendo a olvidarte
hace cuatro estaciones,
y es invierno,
otra vez.

116.

En reflejos me veo
y me encuentro,
y te encuentro
a vos también.

117.

Me da miedo soltarte,
porque pensarte
es lo único
que me queda de vos.

118.

Te vi en mis sueños
y me puse feliz
por tener un lugar
donde nos volvimos
a encontrar.

119.

Por las noches
la tormenta me abraza
hasta que tu voz
me calma en los sueños.

120.

Quizás no seas quien deba quedarse,
pero sos quien me enseñó
a querer quedarme
conmigo.

121.

Qué ironía creer
que el tiempo todo lo cura,
si al intentar olvidarte
más te recuerdo,
y el recuerdo,
más me duele.

122.

Perdí la cuenta
de los cafés que tomé
esperando nuestro segundo.
La cuenta se hace grande
y ahora
no sé cómo pararla.

123.

Madrid te extraña
y yo te espero.

124.

Quizás no te olvido
porque con besos
dejaste hasta tus huellas dactilares
que no se pueden borrar.

125.

Tal vez te vuelva a encontrar,
cuando tus ojos
quieran volver verme
y tu boca quedarse.

126.

Qué nostalgia me da
quitar los cuadros vacíos
con las fotos pendientes
que nos quedaron
por tomar.

127.

Dame amor
o me muero por vos.

128.

He intentado olvidarte
y morí de pena.

129.

Ya no quiero ahogarme
en los recuerdos.
Matémosnos a besos.

130.

Al cielo también le pido deseos.
Y a tus ojos:
que te quedes.

131.

En carrete
aún tengo tus fotos favoritas,
las que tomaste,
las que tomamos,
por si un día
volvés.

132.

Cómo duele intentar olvidarte
cuando no estamos listos
ni queremos hacerlo.

133.

Mientras en las estrellas
te encuentro,
los atardeceres me cuentan
que a veces de nosotros
te acordás.

134.

¿Qué hago
con lo que llevo hace tiempo
y cada vez pesa más?

135.

Alguna vez
esto fue una hoja en blanco
que se llenó de poesías
y sin querer
hoy me acercan a vos.

136.

¿A cuántas despedidas estamos
de tu mensaje:
estoy llegando a casa?

137.

Si el futuro
fuera un espejo,
¿te animarías a mirarme?

138.

Me cuesta creer
que en dos segundos
te robaste un trozo de mi vida,
pero acá estoy
sin dejar de escribirte
poesías.

139.

Mirame de nuevo con ilusión
y me quedo.
    De nuevo.

140.

La vida me inquieta,
el mar me calma
y tu voz
me salva.

141.

Creo en esas pausas
que dan reinicio
a todo.

142.

Y si corremos
hacia la misma dirección,
¿dónde te encuentro?

143.

Antes de que sea tarde.

¿Estamos a tiempo?

144.

Se nos va el amor
esperando nuestro momento.
Yo estoy lista,
te espero en casa.

145.

Mirarte me salvó
y tenerte
me dió *vida*.

146.

Me convertí
en una minúscula parte
de todo lo que
te quiero.

147.

Deseo que logres
todo lo que alguna noche
me contaste,
mientras te brillaban los ojos
de ilusión,
y los míos brillaban
de verte soñar.

148.

Flaco:

Te espero en el mismo café,
donde sacándome una sonrisa,
tomaste tu foto favorita.

149.

Debería dejar
de dedicarte tantas líneas
y escribir poesías
sólo para mí.

150.

Las lágrimas
las convertí en poesía
para que duelan menos.

¿Las tuyas en qué las convertiste?

_____

_____

_____

_____

_____

_____

Agradecimientos

A mi mamá por ser quién más confía en mí.

A mi papá por empujarme a cumplir mis sueños.

A mi hermano por mantener a mi niña interior siempre despierta.

A Begoña por animarme a escribir.

A mi familia y amigos por estar.

Y a ustedes por leerme.

¡Gracias!

Epílogo

¿Quién es *La artista que no pudo ser*? Todas las versiones de mí, las que fui y las que soy. Las que ya no extraño y las que abrazo fuerte para que no se me escapen de los brazos y no vuelvan a caer. En algún momento puse los sueños de otros antes que los míos y me olvidé de ser, me olvidé de vivir. Hay dolores que no se van pero las cicatrices siempre quedan y se vuelven un sinfín de marcas que cuentan nuestra historia. *La artista que no pudo ser* es alguien que no sabe querer poco porque tiene un corazón que siente mucho, aunque en algún momento quisieron romperlo en mil pedacitos como un papel y guardarlo en el bolsillo porque mi intensidad "incomodaba" demasiado, yo prefiero llamarlo sensibilidad.

Quizás 150 poesías no logren resumir quien fui pero sí en quién me estoy convirtiendo y tal vez esta sea la primera vez que me leas pero no es la primera vez que escribo. Los miedos no me dejaban contar todo lo que alguna vez sentí y lo que todavía siento. Al final, el miedo siempre está, incluso en el amor y hasta en la escritura. Escribir era desnudarme y acá estoy, desnudando mi alma, volviéndome frágil y sensible a tus manos, a tus ojos.

Este libro parece ser de poesía romántica, y también algo dramática porque así soy, pero es como dije al comienzo: un desamor, un nuevo amor y un reencuentro conmigo misma. Un grito en silencio, una llegada a casa y un adiós que fue muy pronto para la despedida.

Y puede ser verdad que aún tengo que amar mucho para amar bien pero aprendí lo suficiente para amarme de nuevo, o al menos eso intento, porque hay días que pesan más que otros y a veces me quedo sin oxígeno en el cuerpo. Si equivocarnos es de humanos: permiso, estoy volviendo a la artista que en realidad nunca se fue, solo me tomé un tiempo.